AF318401

NOUVEAU

SYLLABAIRE

DES

Salles d'Asile

PAR

Mme MARIE PAPE-CARPANTIER

Directrice de l'École normale des Salles d'Asile

PARIS

LIBRAIRIE DE L. HACHETTE ET Cie

RUE PIERRE-SARRAZIN, N° 14

(Près de l'École de Médecine)

1852

AVERTISSEMENT.

Les tableaux qui suivent, faits en réalisation de l'engagement pris dans *le livre d'Enseignement pratique*, ne sont point une méthode de lecture : il en existe plusieurs bonnes, et je n'ai pas eu la présomption d'en faire une meilleure. J'ai désiré simplement trier ce qui, dans cet enseignement, peut convenir aux salles d'asile, et satisfaire ainsi à un impérieux besoin. En effet, la lecture étant pour l'enfant le premier degré de l'instruction, on ne comprendrait pas qu'elle fût laissée en dehors de l'asile. Mais, comme elle est en même temps hérissée de difficultés, d'exceptions, de bizarreries, on ne comprendrait pas davantage qu'avec la nécessité de l'enseignement collectif, on prétendît l'enseigner tout entière. Il s'agissait donc de faire de la lecture deux parts : de prendre pour les petits enfants ce qu'elle offre de régulier, de fixe, de facile par conséquent, et de laisser le reste à l'école primaire.

Je n'ai pas eu l'intention de faire autre chose; et peut-être ce modeste travail produira-t-il plus de fruit qu'on ne le penserait d'abord : savoir lire, c'est connaître la manière dont les sons et les articulations agissent réciproquement les uns sur les autres. Familiariser l'élève avec ce simple mécanisme, n'est donc pas seulement lui apprendre à connaître les lettres ou à les épeler; c'est lui apprendre véritablement à lire.

Les tableaux suivants sont composés d'après les principes indiqués dans *le livre d'Enseignement pratique*. Tous les mots dont les lettres conservent la valeur qui leur est donnée dans l'alphabet, ou dont la modification est régulière, facile à retenir, y trouvent leur cadre.

En sont exceptés : 1° Les mots qui renferment des lettres muettes, comme *pain*, *nagard* dans lesquels l'*a*, l'*h* et le *d* sont insensibles pour l'oreille; 2° Les mots dont les lettres prennent une valeur accidentelle, comme l's entre deux voyelles; le *t* devant un *i* suivi d'une autre voyelle; le son *en* se prononçant *in*; l'*x* se prononçant *gz*. 3° Enfin, les sons composés ou diphthongues; les lettres doubles, le trait d'union, l'apostrophe et la ponctuation, parce que, dans la salle d'asile, il faut savoir se borner.

Ces éléments de lecture forment trente-deux tableaux, dans lesquels les difficultés se succèdent progressivement.

Dans le tableau n° **2**, les enfants apprennent l'alphabet, c'est-à-dire qu'ils apprennent à distinguer les lettres par leur *forme* et par leur *nom* (a, bé, cé, dé, é, effe, etc.). D'abord les caractères minuscules, parce que ce sont eux qu'on emploie ordinairement dans le corps des mots. Puis, et à la **2°** classe seulement, les caractères majuscules.

Dans le tableau n° **3**, les enfants apprennent à connaître les lettres par leur *fonction*, comme sons et articulations, c'est-à-dire comme signes représentant les deux parties qui constituent la parole (be, de, fe, etc.).

Dans le n° **4**, ils abordent les syllabes, c'est-à-dire qu'ils apprennent les rapports mutuels du son et de l'articulation, et dès lors ils commencent à lire; car, à mesure que les enfants apprennent des syllabes, ces syllabes forment aussitôt des mots; et pour les intéresser à la lecture, la Directrice n'a plus qu'à les intéresser par ses réflexions, au nom ou à la chose qu'ils lisent.

Puis viennent successivement : 1° Les sons simples, représentés à l'aide des accents ou de deux lettres, quelquefois différentes pour le même son, mais alors formant des signes équivalents, suivis de mots syllabés, de mots assemblés, puis de phrases où sont employés les sons et les signes que l'on vient d'apprendre. 2° Les *c* et *g* doux, le *ç* cédille, les articulations composées, les modifications de l'*e*, ouvert ou fermé par la consonne qui le suit. Toutes ces difficultés sont suivies d'exercices.

Les enfants apprendront ainsi sans confusion, l'ancienne appellation des lettres et la nouvelle, et quelle que soit la méthode adoptée dans l'école qui les recevra plus tard, ils n'y seront point déconcertés. Ils apprendront sans fatigue un assez grand nombre de mots, et ils les sauront d'autant mieux que tous ces mots seront formés régulièrement, logiquement, sans caprice d'origine ou d'usage.

Enfin les deux derniers tableaux contiennent, outre les chiffres arabes, les chiffres romains, dont la connaissance est assez difficile à acquérir dans un âge plus avancé.

On fera remarquer aux enfants que les chiffres ou signes arabes sont au nombre de dix, et qu'ils représentent des valeurs de dix en dix fois plus fortes, selon qu'ils occupent la première ou la seconde colonne en partant de la droite, que les chiffres romains sont au nombre de sept, et qu'à partir de IV, le chiffre principal dans chaque nombre est augmenté ou diminué de la valeur du signe placé à sa droite ou à sa gauche, ainsi : 4 s'écrit IV (5 moins 1), et 6 s'écrit VI (5 plus 1). — 9 s'écrit IX (10 moins 1), et 11 s'écrit XI (10 plus 1). — 14 s'écrit XIV (15 moins 1), et 16 s'écrit XVI (15 plus 1). — 40 s'écrit XL (50 moins 10), et 60 s'écrit LX (50 plus 10). Les nombres non représentés dans ce tableau se forment régulièrement par la réunion des signes déjà connus.

Après avoir parcouru tous ces tableaux, les enfants ne sauront pas encore complètement lire ni compter sans doute, mais ils seront parfaitement préparés à recevoir la suite de ces enseignements, et c'est là que doit s'arrêter, en toute chose, la tâche de la salle d'asile.

MARIE PAPE-CARPANTIER.

Librairie de L. HACHETTE et Cⁱᵉ, rue Pierre-Sarrazin, n° 14, à Paris.

1852

DE L'IMPRIMERIE DE CHAPELET RUE DE VAUGIRARD, 9.

ALPHABET DES MINUSCULES.

a b c d e

f g h i j

k l m n o

p q r s t

u v x y z

Librairie de L. HACHETTE et Cie, rue Pierre-Sarrazin, n° 14, à Paris.

DE L'IMPRIMERIE DE CRAPELET RUE DE VAUGIRARD, 9.

SONS ET ARTICULATIONS SIMPLES.

SONS SIMPLES.

a e i o u

ARTICULATIONS SIMPLES.

b c d f g

j k l m n

p q r s t

v x z

ch gn ill

Librairie de L. HACHETTE et Cie, rue Pierre-Sarrazin, n° 14, à Paris.

DE L'IMPRIMERIE DE CRAPELET, RUE DE VAUGIRARD, 9.

EXERCICES SUR LES SONS ET LES ARTICULATIONS SIMPLES.

a e i o u

b c d f g h j k l m n p q r

s t v x z

bo-bi-ne
bobine

fi-le
file

ti-mi-de
timide

ca-ba-ne
cabane

ra-pi-ne
rapine

ga-le
gale

ju-ju-be
jujube

sa-me-di
samedi

ka-li-fe
kalife

vo-lu-me
volume

ga-ze
gaze

a-xe
axe

Librairie de L. HACHETTE et Cie, rue Pierre-Sarrazin, n° 14, à Paris.

DE L'IMPRIMERIE DE CRAPELET, RUE DE VAUGIRARD, 9.

EXERCICES SUR LES SONS ET LES ARTICULATIONS SIMPLES.

a e i o u

b c d f g h j k l m n p q r

s t v x z

ba-di-ne
badine

li-mi-te
limite

mo-ra-le
morale

sa-la-de
salade

pa-ra-de
parade

mi-nu-te
minute

ra-ve
rave

ma-ca-ro-ni
macaroni

ca-ra-va-ne
caravane

fi-le
file

ma-ri-ne
marine

pi-lo-te
pilote

Librairie de L. HACHETTE et Cie, rue Pierre-Sarrazin, n° 14, à Paris.

DE L'IMPRIMERIE DE CRAPELET, RUE DE VAUGIRARD, 9.

EXERCICES SUR LES SONS ET LES ARTICULATIONS SIMPLES.

ar   al   ac   ap   or   ir   ul

ar-mu-re
armure

cor-ne
corne

cul-bu-te
culbute

pal-me
palme

ap-ti-tu-de
aptitude

ac-te
acte

ma-jor
major

for-tu-ne
fortune

por-te
porte

gar-ni
garni

ma-ti-nal
matinal

ve-nir
venir

Librairie de L. HACHETTE et Cie, rue Pierre-Sarrazin, n° 14, à Paris.

DE L'IMPRIMERIE DE CRAPELET, RUE DE VAUGIRARD, 9.

EXERCICES SUR LES SONS ET LES ARTICULATIONS SIMPLES.

a e i o u

ch gn ill ab ac ad al

ap ar as oc ur

oc-ta-ve
octave

ar-me
arme

al-pa-ga
alpaga

ab-so-lu
absolu

vi-gne
vigne

ad-mi-re
admire

as-pi-re
aspire

ac-ti-ve
active

po-che
poche

ap-ti-tu-de
aptitude

ca-ille
caille

ur-su-li-ne
ursuline

Librairie de L. HACHETTE et Cie, rue Pierre-Sarrazin, n° 14, à Paris.

DE L'IMPRIMERIE DE CRAPELET, RUE DE VAUGIRARD, 9.

EXERCICES SUR LES SONS ET LES ARTICULATIONS SIMPLES.

bor cac cal cap dor gol mar

mas mir pic tic tif tis tus val

cal-cul
calcul

bor-gne
borgne

cap-tif
captif

che-val
cheval

ar-tis-te
artiste

dor-mir
dormir

mar-mi-te
marmite

as-pic
aspic

mas-tic
mastic

cac-tus
cactus

gol-fe
golfe

mar-di
mardi

Librairie de L. HACHETTE et Cie, rue Pierre-Sarrazin, n° 14, à Paris.

DE L'IMPRIMERIE DE CHAPELET, RUE DE VAUGIRARD, 9.

ALPHABET DES MAJUSCULES.

A B C D E

F G H I J

K L M N O

P Q R S T

U V X Y Z

Librairie de L. HACHETTE et Cⁱᵉ, rue Pierre-Sarrazin, n° 14, à Paris

DE L'IMPRIMERIE DE CHAPELET, RUE DE VAUGIRARD, 3.

MOTS.

Joli Gaze Papa

Rive Lune Ami

Abolir Parjure

Acte Valse Canif

Calme Barbare

Captif Tartine

Librairie de L. HACHETTE et Cⁱᵉ, rue Pierre-Sarrazin, nº 14, à Paris.

DE L'IMPRIMERIE DE CRAPELET, RUE DE VAUGIRARD, 9.

PHRASES.

De la marmelade

Le joli canif

La petite sardine

Victor ira dormir

Le captif sortira

Papa te parlera

Librairie de L. HACHETTE et Cie, rue Pierre-Sarrazin, n° 14, à Paris.

DE L'IMPRIMERIE DE CHAPELLE, RUE DE VAUGIRARD, 9.

PHRASES.

Ursule partira

La dame marche

Azor se calmera

Le cheval galope

La porte solide

Mimi va revenir

Librairie de L. HACHETTE et Cⁱᵉ, rue Pierre-Sarrazin, n° 14, à Paris.

DE L'IMPRIMERIE DE CRAPELET, RUE DE VAUGIRARD, 9.

SONS SIMPLES. SIGNES ÉQUIVALENTS.

a, e-eu, i-y, o-au, u

an-am-en-em, ou

in-im-yn-ym, un

on-om, ei-é, ai-è

â, ê, î, ô, û

eû, oû

Librairie de L. HACHETTE et Cⁱᵉ, rue Pierre-Sarrazin, nᵒ 14, à Paris.

DE L'IMPRIMERIE DE CRAPELET, RUE DE VAUGIRARD, 9.

EXERCICES SUR LES SONS SIMPLES ET SUR LES SIGNES ÉQUIVALENTS.

am an en ai ei au y eu in ym

om on ou un

en-fan-tin
enfantin

lai-ne
laine

jau-ne
jaune

pei-ne
peine

jan-te
jante

jeu-ne
jeune

se-rin
serin

mou-ton
mouton

ombre
ombre

svm-bo-le
symbole

bam-bou
bambou

lun-di
lundi

Librairie de L. HACHETTE et Cⁱᵉ, rue Pierre-Sarrazin, n° 14, à Paris.

DE L'IMPRIMERIE DE CRAPELET, RUE DE VAUGIRARD, 9.

ARTICULATIONS SIMPLES. SIGNES ÉQUIVALENTS.

f - ph, q - qu, g - gu

sa - ça, so - ço, su - çu

san - çan, sou - çou

je - ge, ji - gi

ja - gea, jon - geon

se - ce, si - ci

EXERCICES SUR LES SONS SIMPLES, SUR LES SIGNES ÉQUIVALENTS, SUR LE Ç, LE C ET LE G DOUX.

é ai è ê y ç, c g

sé-vè-re
sévère

sa-ge
sage

gar-çon
garçon

a-gir
agir

re-çu
reçu

ci-bou-le
ciboule

cé-le-ri
céleri

ly-re
lyre

vo-lon-tai-re
volontaire

fa-ça-de
façade

le-çon
leçon

Librairie de L. HACHETTE et Cⁱᵉ, rue Pierre-Sarrazin, nº 14, à Paris.

DE L'IMPRIMERIE DE CRAPELET, RUE DE VAUGIRARD. 9.

EXERCICES.

â-me
âme

flû-te
flùte

rô-ti
rôti

im-po-li
impoli

em-pi-re
empire

jam-be
jambe

syn-co-pe
syncope

croû-ton
croûton

tê-te
tête

me-na-çan-te
menaçante

î-le
île

pho-que
phoque

lan-gue
langue

Librairie de L. HACHETTE et Cie, rue Pierre-Sarrazin, n° 14, à Paris.

DE L'IMPRIMERIE DE CHAPELET, RUE DE VAUGIRARD, 9.

PHRASES.

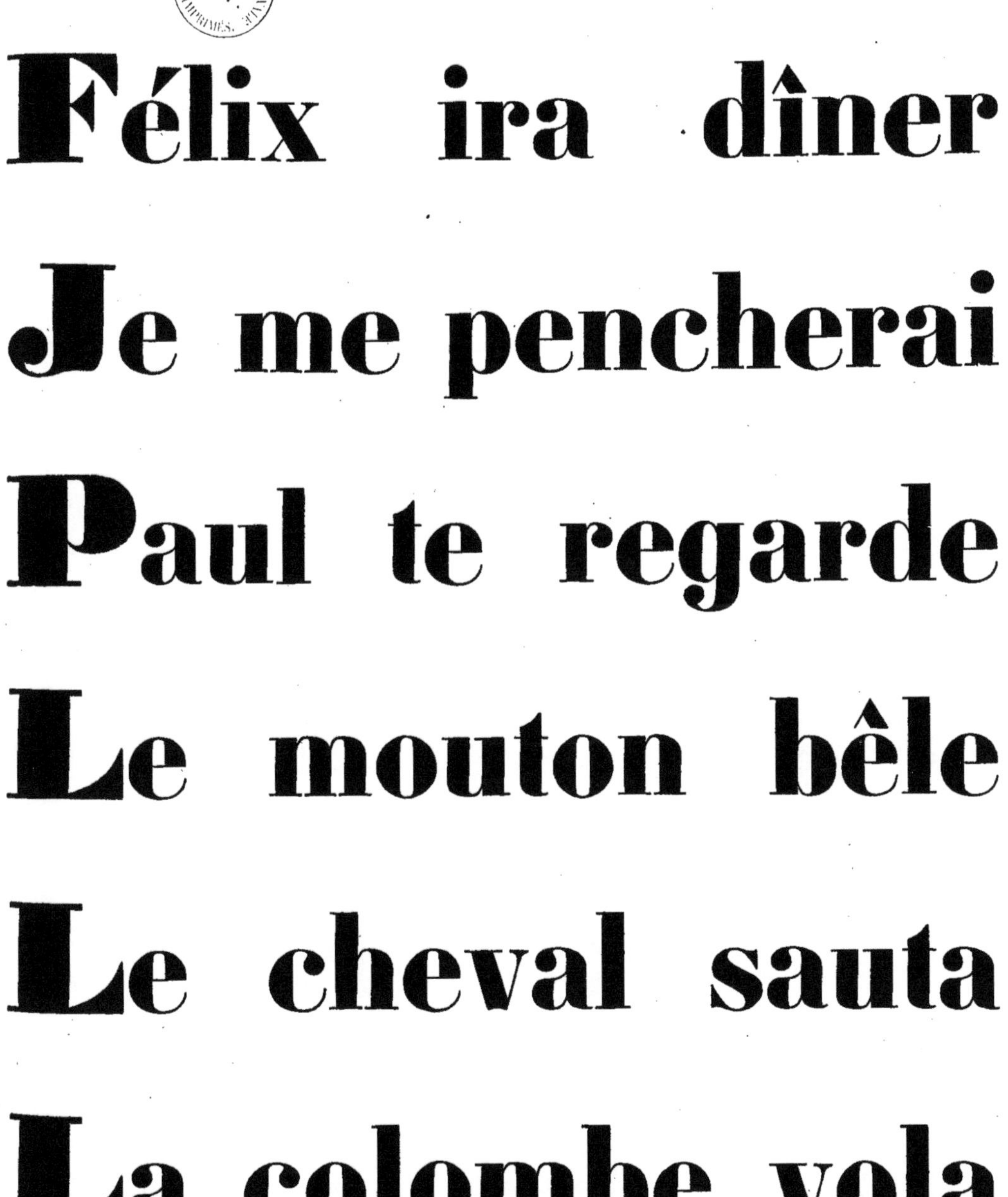

Félix ira dîner

Je me pencherai

Paul te regarde

Le mouton bêle

Le cheval sauta

La colombe vola

Librairie de L. HACHETTE et Cie, rue Pierre-Sarrazin, n° 14, à Paris.

DE L'IMPRIMERIE DE CRAPELET, RUE DE VAUGIRARD, 9.

PHRASES.

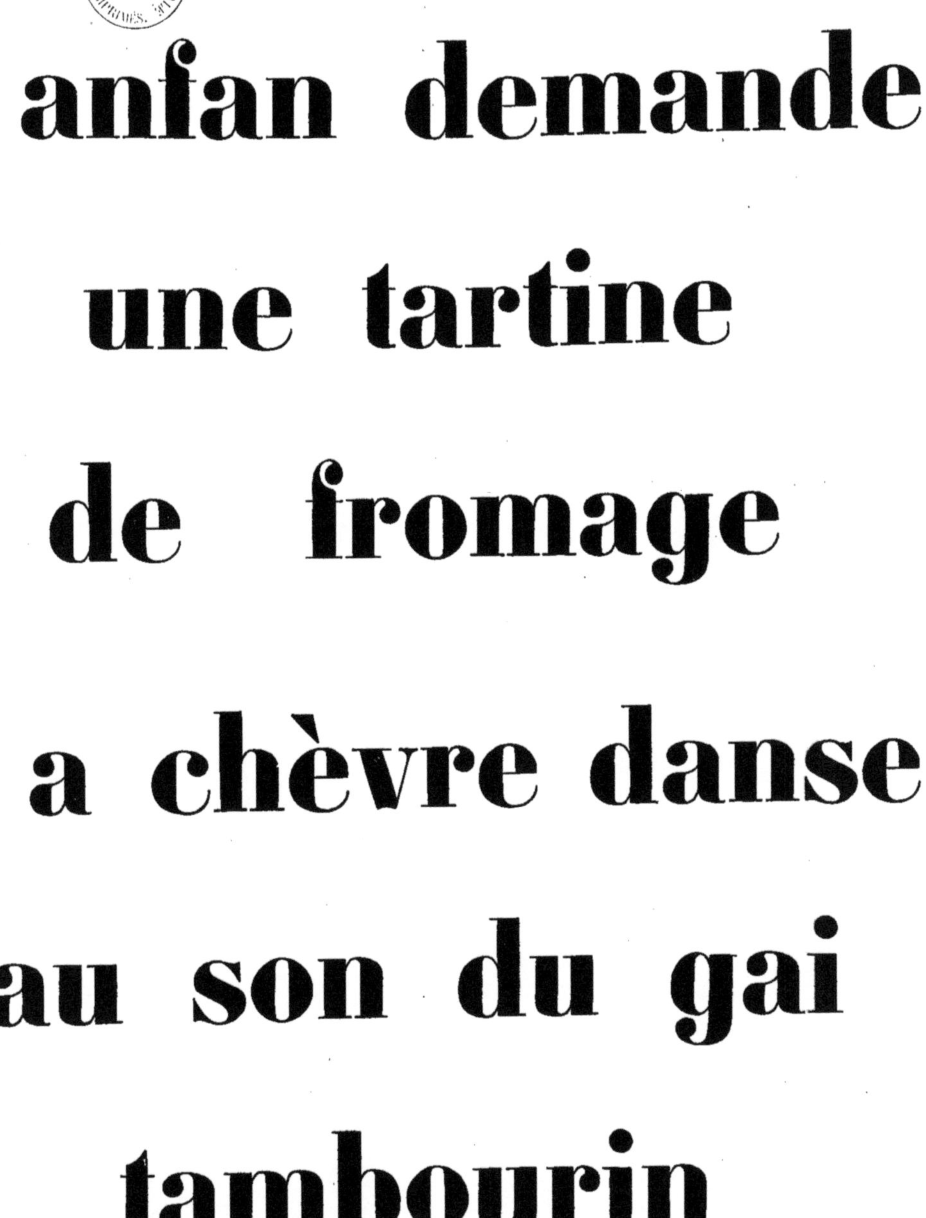

anfan demande

une tartine

de fromage

a chèvre danse

au son du gai

tambourin

Librairie de L. HACHETTE et Cⁱᵉ, rue Pierre-Sarrazin, n° 14, à Paris.

DE L'IMPRIMERIE DE CRAPELET, RUE DE VAUGIRARD, 9.

PHRASES.

Aime la justice.

Le jour entre par la petite ogive.

Ton bon ange veille sur toi du matin au soir.

Librairie de L. HACHETTE et Cⁱᵉ, rue Pierre-Sarrazin, nº 14, à Paris.

DE L'IMPRIMERIE DE CRAPELET, RUE DE VAUGIRARD, 9.

ARTICULATIONS COMPOSÉES.

bl, br, cl, cr, dr,

fl, fr, gl, gr, vr,

pl, pr, sl, sc, sm,

sp, st, str,

scr, spl, spr,

sph.

Librairie de L. HACHETTE et Cⁱᵉ, rue Pierre-Sarrazin, n° 14, à Paris.

DE L'IMPRIMERIE DE CRAPELET, RUE DE VAUGIRARD, 9.

EXERCICES SUR LES ARTICULATIONS COMPOSÉES.

ai-ma-ble

aimable

bro-de

brode

fri-tu-re

friture

blan-chir

blanchir

é-clai-re

élaire

a-pla-tir

aplatir

flû-te

flûte

é-dre-don

édredon

cré-ma-illè-re

crémaillère

pru-den-ce

prudence

ai-gle

aigle

Librairie de L. HACHETTE et Cie, rue Pierre-Sarrazin, n° 14, à Paris.

DE L'IMPRIMERIE DE CRAPELET, RUE DE VAUGIRARD, 9.

PHRASES.

Justin marche sur de la paille.

Le balcon doré.

On moudra le blé.

La fleur penche.

Le lapin cabriole.

Librairie de L. HACHETTE et Cie, rue Pierre-Sarrazin, n° 14, à Paris.

DE L'IMPRIMERIE DE CRAPELET, RUE DE VAUGIRARD, 9.

PHRASES.

Le brave monte à la grande brèche.

Le nègre prépare le sucre si bon.

Clémentine a du chagrin.

Librairie de L. HACHETTE et Cie, rue Pierre-Sarrazin, n° 14, à Paris.

DE L'IMPRIMERIE DE CRAPELET, RUE DE VAUGIRARD, 9.

MODIFICATIONS DE L'E PAR L'ARTICULATION QUI LE SUIT.

ermite   gouverne

alerte   Palerme

lanterne   berline

prosterne   perte

enferme   ouverte

vertu   fer   serpe

Librairie de L. HACHETTE et Cⁱᵉ, rue Pierre-Sarrazin, nᵒ 14, à Paris.

DE L'IMPRIMERIE DE CRAPELET, RUE DE VAUGIRARD, 9.

MODIFICATIONS DE L'E PAR L'ARTICULATION QUI LE SUIT,

estime lecture

cartel ménestrel

dîner et déjeuner

reste tel preste

quel bel autel

amour fraternel

Librairie de L. HACHETTE et Cie, rue Pierre-Sarrazin, n° 14, à Paris.

DE L'IMPRIMERIE DE CRAPELET, RUE DE VAUGIRARD, 9.

PHRASES.

Le merle noir et le bel insecte.

Martin, tu es leste, ôte ta veste et saute à la mer.

On aime la vertu.

Librairie de L. HACHETTE et Cⁱᵉ, rue Pierre-Sarrazin, n° 14, à Paris.

DE L'IMPRIMERIE DE CRAPELET, RUE DE VAUGIRARD, 9.

PHRASES.

La perle blanche.

Unepertefuneste.

Il pleuvra à verse.

Ferme la fenêtre.

Le marin observe la mer en fureur.

Librairie de L. HACHETTE et Cⁱᵉ, rue Pierre-Sarrazin, n° 14, à Paris.

DE L'IMPRIMERIE DE CRAPELET, RUE DE VAUGIRARD, 9.

LECTURE COURANTE.

Cher et bon père, Émile a été sage.

Le mouton de Paul a mangé.

Le feu flambe et la friture brûle.

Librairie de L. HACHETTE et Cie, rue Pierre-Sarrazin, n° 14, à Paris.

DE L'IMPRIMERIE DE CRAPELET, RUE DE VAUGIRARD, 9.

Ma petite maman, mon papa chéri, je travaille avec bon courage, et je saurai lire pour le nouvel an.

Librairie de **L. HACHETTE** et Cie, rue Pierre-Sarrazin, n° 14, à Paris.

DE L'IMPRIMERIE DE CRAPELET, RUE DE VAUGIRARD, 9.

CHIFFRES ARABES.

0   1   2   3   4   5   6   7   8   9

10	30	50	70	90	200
15	32	56	73	96	300
18	34	58	74	99	400
20	40	60	80	100	510
23	41	65	82	110	621
29	47	69	87	120	735

Librairie de L. HACHETTE et Cⁱᵉ, rue Pierre-Sarrazin, n° 14, à Paris.

DE L'IMPRIMERIE DE CRAPELET, RUE DE VAUGIRARD, 9

CHIFFRES ROMAINS.

I	V	X	L	C	D	M
1	5	10	50	100	500	1000

I 1	IX 9	XVII 17	LXX 70
II 2	X 10	XVIII 18	LXXX 80
III 3	XI 11	XIX 19	XC 90
IV 4	XII 12	XX 20	C 100
V 5	XIII 13	XXX 30	CX 110
VI 6	XIV 14	XL 40	D 500
VII 7	XV 15	L 50	DC 600
VIII 8	XVI 16	LX 60	M 1000

Librairie de L. HACHETTE et Cⁱᵉ, rue Pierre-Sarrazin, n° 14, à Paris.

DE L'IMPRIMERIE DE CRAPELET, RUE DE VAUGIRARD, 9.